그냥 해보는 거야

그냥 해보는 거야 (처음 해보는 것에 대한 두려움)

발   행 | 2022년 7월 1일
저   자 | 백경란

펴낸이 | 임정은
펴낸곳 | 도서출판 책낸엄마
책임편집 | 이천시립도서관 X 전자책제작소 임정은
디자인 | 유나
마케팅 | 안나

출판사등록 | 2020년 5월21일 (제2020-000037호)
주   소 | 서울특별시 양천구 남부순환로 83-48 목동센트럴아이파크위브
이메일 | writer0901@gmail.com.

ISBN | 979-11-92547-00-8

www.moomsbooks.co.kr

그냥 해보는 거야

처음 해보는 것에 대한 두려움

백경란 지음

책낸엄마

목 차

저자소개 p.7

프롤로그 p.9

제**1**화　　이게 뭐야 p.15

제**2**화　　행복 갈치 p.23

제**3**화　　깨달음 TV p.31

제**4**화　　숫자'1'의 요동 p.39

제**5**화　　한 방(One Punch) p.47

제**6**화　　앗싸 풀장 p.53

제**7**화　　비우고 채우고 p.63

제**8**화　　불일치vs일치 p.71

제**9**화　　드러나라.호기심 p.77

제**10**화　천냥 값어치,말 p.85

제**11**화　포스트잇의 가벼움 p.93

에필로그 p.99

부록　　 p.105

글쓴이_백경란

저자는 건축공학을 전공,
20년 가까이 건설회사에 다녔다.

전공과 관련된 책 이외는
관심을 가지지 않았다.

40대 후반 시립도서관에서 주관하는 '독서토론
리더 과정'의 수강을 시작으로 본격적인
독서생활자로 거듭났다.

다수의 독서토론과 글쓰기 모임에 리더와
회원으로 참여하고 있으며,
꿈의 학교도 운영 중이다.
독서토론 자원봉사에도 참여하고 있다.

저자는 호기심이 많고
성장을 위해 끊임없이 배우기를 즐기며,
무엇보다 책 읽기에 푹 빠져있다.

처음이라고요? 그냥 해보는 겁니다.

제 인생에 이런 날이 오다니요. 제가 무슨 이유로 이렇게 즐거운 비명을 지르고 있는지 들려드릴게요.

저의 삶에서 책은 가까이하기에 너무 먼 당신이었습니다. 꼭 읽어야 하는 필독서나 전공서가 아니면 보지 않았습니다.

책과 가까워질 기회는 얼마든지 있었는데 그러지 못한 이유가 무엇이었을까요? 아마도 책을 읽는 목적이 제 의지와는 상관없는 의무가 먼저였기 때문이었을 겁니다. 마치 독서를 숙제하듯이 한 것 같아요. 그러니 호기심이 생기지 않았겠죠.

그런데 지금은 책이 제 인생을 흔들고 있습니다. 의무가 아닌 순수한 호기심으로 찾아간 도서관은 어린 시절 책읽기가 습관화 되어 있지 않은 저를 자연스럽게 책과 가까워지게 했습니다. 무엇이 그렇게 만들었는지는 저도 잘 모르겠습니다. 진짜 '자연스럽게'라는 말밖에는 달리 표현할 방법이 없네요.

시립도서관에서 주관하는 '독서토론 리더 과정'을 시작으로 함께 읽기가 시작되었습니다.

책의 힘은 저를 이렇게 이끌고 있습니다.

도서관을 가게 하고,
도서관에서 운영하는 강좌를 듣게 하고
독서동아리 모임을 지속하게 하고
망설임 없이 새로운 것에 도전하게 합니다.
마침내 책까지 내도록 돕습니다.

도서관은 저에게 새로운 인생을 살게 해준 기적의 공간입니다. 왜냐구요? 저에게서 두려움을 없애주고 있거든요. 처음 시도하는 것에는 항상 망설임이 있었는데 지금의 저는 일정이 겹치지 않는 이상 두려움 없이 도전합니다.

또 기적의 공간은 혼자서는 감히 엄두도 못 낼 일을 함께할 동지들을 만들어주고, 편한 길로 안내해줍니다. 너무 감사한 일이지요.

처음이라고요? 그냥 하는 겁니다. 망설이지 마세요. 생각만 하다가는 아무 일도 일어나지 않습니다. 걱정되더라도 시작해보세요. 그러면 해결 방법이 보일거에요.

인간 수명 백세시대라고 하죠. 앞으로 많은 시간이 남아 있는 것처럼 느껴지나요?. 몇 살에는 어떤 것을, 그 이후에는 다른 무언가를 위해 계획하고 나아가고 있지요? 때로는 미래를 위해 참고 견디는 것도 있지 않나요?

그러나 한번 생각해보세요.
우리가 꼭 백 살까지 살 수 있을까요? 백 살이 아니더라도 여러분이 예상한 수명까지 살거란 확신이 서나요? 아닐 겁니다.

우리의 계획은 100년인데, 우리의 삶은 오늘이 끝일지 모릅니다. 그렇게 되면 계획한 의미는 찾을 수 없게 되는 거죠. 그래서 하고 싶은 것이 있다면 지금 해야 합니다. 설령 그것이 처음 해보는 것일지라도 말이죠. 그냥 하는 거예요. 오늘이 끝일지 모르는 우리의 하루를 위해서 말이죠.

이 책은 이천시립도서관 '신중년 자서전 쓰기' 강좌를 통해 출간되었습니다.
프로그램을 계획해 주신 정순복 주무관님과 자서전 쓰기를 세심하게 코치해주신 최병일 선생님께 감사를 드립니다.

그리고 전자책과 종이책 제작부터 최종 등록까지 꼼꼼하게 지도해주신 출판사 책낸엄마 임정은 대표님께 깊은 감사를 드립니다.

또한 제 인생에 함께 해주신 많은 분들에게 감사드리며, 책이 완성되기까지 옆에서 자신감을 불어넣어 준 남편과 두 딸에게 사랑하는 마음과 함께 이 책을 바칩니다.
모두 사랑합니다.

이게 뭐야

"여자아이를
뭐하러 그렇게 비싼 병원비를 내가며 살리냐,
그냥 집으로 데려와서 살면 키우고,
죽으면 자기 운명이다."

제 머릿속에는 또 다른 살점이 붙어 있습니다.

"엄마, 내 머릿속 상처가 왜 생긴 거예요?"
"어. 그 상처? 그건 네가 칠삭둥이라서 생긴 거야"
"네가 일곱 달 만에 나온 이유는 임신중독증
때문이었어."

'일곱 달'이라는 말에 눈치를 챘을지 모르겠네요. 네 맞아요. 바로 칠삭둥이. 열 달을 채우지 못한 미숙아였습니다. 자연분만 방법은 불가능했고 제왕절개 수술을 해야 했습니다.

급히 제왕절개를 할 수 있는 병원을 수소문한 끝에 부산에 있는 '일신 산부인과'를 찾았지요. 사실 저는 기억이 많지 않고 기억하는 것 중에는 부분적인 것들 뿐입니다. 그러나 제가 태어났던 병원 이름인 '일신'은 똑똑히 기억합니다. 마치 기억상실증에 걸린 사람처럼 많은 부분을 잊고 살아가는 저에게는 신기한 일이지요. 반면 글쓰기 동무들의 기억 더듬는 수준은 가히 충격적이었습니다.

이야기는 이어집니다. 일신 산부인과 담당의는 두 목숨을 살리는 것이 급해서였을까요? 아니면 당시 의료기술이 발달하지 못해서였을까요? 제 머리에 상처를 남겼습니다.

저는 상처를 입은 상태로 인큐베이터에서 삼 개월을 더 보내야 했습니다. 환한 조명이 늘 저를 비추었고, 엄마의 탯줄을 대신한 링거들이 여러 개 연결되어 있었습니다.

저는 생사가 불투명했습니다. 제 몸 상태가 좋지 않았을 뿐만 아니라 엄마의 시댁, 곧 저의 친할아버지, 할머니와의 의견대립이 문제였지요. 두 분의 의견은 이랬다고 합니다.

"여자아이를 뭐하러 그렇게 비싼 병원비를 내가며

**살리냐, 그냥 집으로 데려와서 살면 키우고,
죽으면 자기 운명이다"**

엄마는 선택해야 했습니다. 도움받을 곳이 필
요했지요. 비싼 병원비도 엄마의 고민 중 하나
였을거에요. 어쩔 수 없이 친정에 부탁할 수밖
에 없는 상황, 고맙게도 외할아버지, 할머니는
이렇게 말씀해 주셨습니다.

**"그깟 병원비는 걱정하지 말아라,
애를 살리는 게 우선이지."**

결국 엄마는 친정의 도움을 받아 저를 지켜
냈고요. 외할아버지, 할머니의 고마운 사랑 덕
분에 저는 현재 잘살고 있습니다. 이래서였을
까요? 저는 친가보다 외가에 더 좋은 감정이
있었습니다. 출생에 관한 이야기를 듣기 전부
터 그랬던 걸 보면 아마도 사랑의 힘 때문은
아니었을까 싶네요.

그럼 제 머릿속 상처는 어떤 상태일까요? 살점이 덧붙여져 있습니다. 한쪽 모서리를 잡고 뜯어내면 떨어질 것처럼 붙어 있는 살점은 착 달라붙어 있지도 않아요. 허술하기 그지없지요. 마치 씹다 버린 껌을 붙여놓은 것 같거든요. (실제로 저는 보지 못했습니다) 빗질하다 실수로 건드리기라도 하면 엄청 아픕니다.

그래서 제일 무서운 곳이 미용실이지요. 미용사가 사용하는 끝이 뾰족한 빗은 항상 제 아픈 곳을 건드립니다. 단 한 번도 넘어간 적이 없어요. 상처에 대한 말을 미리 하지 않았을 때는 물론이고 알려 주었는데도 그러기가 일

쑤셨지요.

그런데 이상한 것은 50년 이상의 세월이 흘렀는데도 지금까지 아프다는 겁니다. 대부분 상처는 아무는 법인데 왜 제 머릿속 상처는 아물지 않을까요? 아물지 말아야 할 이유가 있는 걸까요? 어느 날 이런 생각이 들었어요. 상처를 통해 말하고 싶은 것이 있나 하고요.

아이는 많은 이들의 도움을 받고 태어납니다. 가족처럼 친밀하게 아는 사람에서부터 의사, 수술실의 많은 도구를 만든 사람, 병원을 지은 사람, 교통수단을 만든 사람, 세심하게 따지고

들어가면 무수히 많은 사람이 나올 겁니다. 이렇게 많은 사람의 도움을 받고 아이는 세상에 발을 딛습니다.

아마도 제 상처는 이러한 사실을 잊지 말고 살아가라는 증표인 것 같아요. 매번 통증과 함께 저에게 말을 건네는 걸 보면 말이지요.

"라니야. 기억해. 너의 소중함을"

상처가 내는 소리에 다독이듯 제 머리를 한 번 쓰다듬습니다. 그리고 '태어난 것에 대한 감사'와 '많은 이들의 사랑'을 마음속에 담습니다. 그 힘으로 저는 오늘도 살아갑니다.

행복갈치

드디어 제 순서가 되었고
생선 '갈치'에 대한 추억을 바로 꺼내 놓았습니다.
한번 들어보시겠어요?

임순례 감독의 영화 <리틀 포레스트>를 보고 토론을 하는 날이었어요. 토론을 이끄는 길잡이는 회원들에게 "엄마 하면 생각이 나는 음식이나 물건"에 대해 이야기를 나누어 보라고 합니다. 토론에 참석한 회원들은 각양각색의 음식과 물건에 대한 좋은 기억을 말하면서 지금은 이해할 수 없지만 그땐 그랬다며 열띤 대화를 했습니다.

드디어 제 순서가 되었고 생선 '갈치'에 대한 추억을 바로 꺼내 놓았습니다. 한번 들어보시겠어요? 초등학교 6학년 때까지 엄마는 저에게 아침밥을 떠먹여 주셨습니다. '갈치'는 엄마가 먹여 준 아침 반찬 중에서 유독 기억에 남는 메뉴인데요.

구운 갈치는 가운데 가장 두꺼운 가시를 기준으로 해서 양쪽 살을 뚝 떼어냅니다. 그리고 가장자리의 미끈한 부분도 모두 제거하고요. 미색의 하얀 속살과 연한 갈색빛으로 바싹하게 구워진 은빛 비늘만이 제 몫이었어요. 김이 모락모락 나는 하얀 쌀밥 위에 노릇노릇 구운 갈치를 얹어 입에 넣고 바로 쉰 김치를 먹으면 밥 한 그릇이 금세 사라집니다.

엄마가 먹여 주는 밥은 제가 직접 먹을 때와 다르게 맛이 있었습니다. 똑같은 밥과 반찬인데도 차이가 났지요. 왜 그랬는지는 지금도 알 수가 없는 수수께끼입니다.

이제 저는 두 아이의 엄마가 되었습니다. 그리고 저의 엄마가 그랬던 것처럼 초등학교 5학년인 딸아이의 입속으로 저는 밥을 떠먹여 주고 있습니다. 생선을 좋아하지 않는 딸이라서 갈치는 아니지만, 딸이 좋아하는 반찬으로 아침마다 먹여 주고 있네요. 놀랄 일이지요?

"초등학교 5학년인데 설마요" 하실지 모르겠어요. 그러나 사실이고 현실입니다.

"이제 스스로 먹으면 어떨까?"
"놉(NO)"

어느 날 아침 엄마의 말에 딸은 아직은 아니라며 전혀 자신의 손을 쓸 생각을 하지 않습니다. 엄마가 먹여 주는 것이 최고로 맛있다는 딸의 꼬임에 오늘도 넘어갔습니다.
아마도 계속 넘어갈 것 같네요.

'엄마가 엄마의 엄마에게 받았던 것처럼'
'너의 언니에게도 해주었던 것처럼'

'너에게도 똑같이 해주마'

하면서 저는 오늘도 딸에게 밥을 먹여 줍니다.

가장 행복했던 순간이 언제였냐는 질문에 저

는 행복했던 적을 생각해봅니다. '행복했던 순간'이라는 과거형의 질문에 맞추기라도 하듯이 저의 답 또한 '과거'에서 찾게 되지요.

똑같기만 한 일상 속에서 갑작스럽게 감정이 고조되고 기쁨으로 충만하여 나도 모르게 웃음이 멈추지 않는 그런 순간을 떠올립니다. 그리고는 그때가 행복했었던 것 같다고 말합니다.

그러나 행복이 꼭 순간이고, 과거이기만 할까요? 그렇지 않은 것 같아요. 지나온 많은 날의 총합이 행복일 수 있고, 과거의 불행들이 현재의 행복으로 올 때도 있는 것 같습니다. 부모님과 사랑하는 사람에게 사랑을 받은 날들, 아이에게 애정을 쏟으며 느꼈던 날들의 총합이 행복으로 다가옵니다.

허리디스크로 고통에 몸부림칠 때 소원이 있었어요. 아주 단순한 것이었는데요. 그냥 혼자서 두 발로 걷는 거였어요.

지금껏 걷는다는 것은 일상이기 때문에 소중함을 몰랐고, 늘 할 수 있기에 간절함을 느끼지 못했습니다. 그런데 아니었어요. 아픈 내내 걷고 싶었습니다. 고통을 참지 못하다 결국 디스크 수술을 했지요. 그리고 소원이 이루어졌습니다. 그 순간의 행복을 잊지 못합니다.

이렇게 무언가를 하고 싶다는 마음을 먹고 그 마음을 행동으로 옮길 수 있는 것에 감사하게 되었습니다. 지금은 언제 행복하냐는 질문을 받으면 "지금이 행복하다고" 말합니다. 자꾸 '언제 행복했었지?'라며 과거와 순간으로 향하는 생각에서 벗어나려 합니다.

평범한 일상 속에서 불안함이 없고 편안한 마음이 드는 그런 날들, 하고 싶은 것들을 할 수 있게 해주는 현재의 건강이 있다면 여러분은 최고로 행복한 순간을 누리고 있다고 말씀드리고 싶습니다. 엄마의 갈치는 저에게 행복을 새겼고, **새겨진 행복**을 딸에게 그리고 여러분과 나눌 수 있어 또 행복합니다. 행복은 자꾸 이야기해도 과하지 않는 것 같아요.

깨달음 TV

"순간을 기록하는 것은 순간을 경험하는 것에
한참 못 미치는 형편없는 대체재"
-에릭 와이너-

본방송 사수를 하지 못하면 재방을 애타게 기다려야 했던 적이 있었지요. 신문에서 'TV 프로그램 표'를 보고 시간을 표시했다가 바로 그 시간에 켜는 수고가 필요했었죠.

그러나 지금은 넷플릭스와 같은 글로벌 스트리밍 서비스 덕에 언제든지 볼 수가 있고 반복 보기도 가능해졌습니다. 시간의 제약이 없어진 만큼 정해진 시간에 반드시 보아야 한다는 절실함도 없어진 것 같습니다. 별거 아닌 것 같은 이 사소한 행위가 제 삶의 태도에도 영향을 미치고 있는 것 같은 생각이 듭니다.

갑자기 어린 시절 TV에 얽힌 추억이 떠오르네요. 예전 TV에는 안테나가 설치되어 있었죠. 외부 옥상에 설치된 안테나는 TV 화질에 중요한 역할을 했었구요. 잘 나오던 TV가 갑자기 지지직거리며 물에 파동이 일 듯 화면이

일그러지는 일이 허다했습니다.

TV가 지지직 거리는군요.

자주 일어나는 일이었기에 **"에이~~~"** 귀찮다는 한숨 소리와 함께 아빠나 오빠가 옥상으로 올라가 안테나를 돌립니다. 그러면 실내에 있는 사람은 TV 화면을 보며 소리를 지릅니다.

**"어. 아직 안 나와. 어. 조금조금 더더더.
아니 그쪽 말고 다른 쪽. 어어 나온다. 스톱.
그대로 딱 거기"**

이 소리가 들리는 순간 옥상에선 그 상태를 유지하려고 애쓰며 안테나를 고정했습니다. 다시 TV 앞에 앉아 이어 보기를 하지요.

안테나 위치를 잡느라 놓친 부분은 '재방송 보기' 방법이 아니면 불가능했었지요.

지금은 어떨까요?

옛날과는 두 가지 점에서 다른 것 같습니다. 한 가지는 본방송 사수를 하지 않아도 언제든지 재방송을 볼 수 있다는 점과 안테나가 없어도 선명한 화면을 볼 수 있다는 점이지요.

다른 점을 더 이야기해보면, 예전 신문에서 보았던 'TV 프로그램 표'가 없어도 다양한 방법을 이용해 검색이 가능하다는 점을 들 수 있겠네요.

거기다가 다음 회차를 기다리지 않고 1회차부터 마지막회차까지 한 번에 다 볼 수 있는 '정주행'이 가능한 것은 물론이고 꼭 TV가 아니어도 다른 기기를 통해 볼 수가 있다는 점입니다.

전혀 어떤 면에서도 제한이 없다는 것이 특징이네요. 금전적인 문제만 빼놓으면 말이죠.

"조금 더더, 아니 이쪽, 아니 저쪽"

서로 소리를 질러가며 선명한 화면을 위해 애
쓰던 추억의 모습은 사라지고 편리함이 그 자
리를 차지하고 있습니다.

이렇게 아무 때나 다양한 기기를 통해 볼 수
있는 방송의 편리함은 이런 생각을 하게 합니
다. '지금 못 보면 나중에 보지 못할 텐데' '지
금 안 하면 나중에 할 수 없을 텐데' 가 아닌
'지금이 아니어도 나중에 볼 수 있는데. 뭐. 굳
이 지금 할 필요가 있나?'라는 생각을 하게 합
니다.

제가 앞에서 '별거 아닌 것 같은 이 사소한 행
위가 제 삶의 태도에도 영향을 미치고 있는
것 같은 생각이 듭니다.'라고 했었지요. 바로
이것입니다.

과거를 언제든 되돌려볼 수 있는 이런 시스템
은 삶을 대하는 자세에 영향을 미칩니다. '반
드시 지금 해야지'하는 다짐의 의지를 약하게
만듭니다. 우리가 모르는 사이에 그렇게 되는
것 같아요.

지금은 백업과 저장이 잘 되는 시대입니다. 기
억은 잊히고 기록은 남지요. 습관적으로 일상
을 기록합니다. 이렇게 기록된 기억은 내가 필
요할 때 언제든지 꺼내 보면 됩니다. 그래서
기억을 기록에 의지하게 됩니다. 그렇다면 이
런 질문을 해보게 되는데요.

"얼마나 자주 기록을 꺼내 보게 되지?"
"얼마나 많이 당시의 감정을 느낄 수 있지?"

에릭 와이너는 "순간을 기록하는 것은 순간을
경험하는 것에 한참 못 미치는 형편없는 대체
재"라고 말합니다.

기록보다는 경험이라는 말이지요. **'바로 여기 지금'** 느낄 수 있는 경험을 놓치지 않는 것이 무엇보다 중요한 것 같습니다.

순간을 포착하기 위해 핸드폰의 카메라를 켜고 싶은 충동이 일 때 조용히 핸드폰을 주머니에 넣으렵니다. 아무 때나 모든 회차를 다 볼 수 있다 하더라도 가끔은 '정 시간'을 지켜 방송을 보려는 마음을 먹어 봅니다.

모르는 사이에 나를 변화시키는 그 힘에 맞서 저의 의지로 천천히 오게 하렵니다. 이렇게 말하고 보니 엄청 거창한 이야기를 하는 듯 싶지만 간단히 정리해보면 **'편리함'**에 안주하지 않는 삶을 살아야겠다는 각오입니다.

숫자 '1'의 요동

빠른 답변이 오지 않을 때도,
읽고 나서 아무런 대답을 주지 않을 때도,
숫자가 사라지지 않을 때에도.

혹시 0에서 9까지 쓰인 숫자 위 동그란 구멍에 손가락을 찔러 넣어 돌리는 전화기를 아시나요? 숫자가 커지는 만큼 원점으로 돌아오는데도 시간이 걸리지요.

1을 돌리면 드르륵. 9를 돌리면 드르르르르르르르륵. 큰 수가 유난히 많은 전화번호는 한참 기다렸었는데요. 다이얼 전화기만으로도 자연스럽게 **기다림**과 **여유**를 배울 수 있었던 시절이었다는 생각이 듭니다.

마지막 번호가 원점에 되돌아오니 수화기에서는 신호음이 들립니다. 친구에게 전화를 했는데 받지를 않네요. 오늘 꼭 전해야 하는 말인데 어쩔 수 없이 친구의 집으로 달려갑니다. 친구 집 앞에서 큰소리로 이름을 부르니 활짝 웃으며 친구가 달려 나옵니다. 좀 전에 헤어졌는데 아주 오랫동안 만나지 못한 연인처럼 손을 붙잡고는 깔깔 웃으며 이야기를 나눕니다. 역시 옛날 추억은 가슴을 따뜻하게 하는군요.

현재로 돌아온 저는 친구에게 할 이야기가 있습니다. 직접 찾아가지 않고 전화기로 통화를 시도하지도 않습니다. 제일 먼저 하는 일은 카카오톡에 글을 남깁니다.

"통화 가능하니?"

"*** 때문에 톡 남겼어"

"너는 어떻게 생각해?"

상대(친구)의 상황을 고려한 배려의 행위라고 말하지만, 어느새 저도 이런 과정이 편해진 것 같습니다. 친구의 답을 기다리는 동안 깊이 생각하기도 하고 친구의 답을 보고는 무어라 답할지 고민할 시간을 갖는 저를 보면 말이지요.

그런데 한 가지 문제가 있어요. 카카오톡의 상태를 확인하는 '1'이라는 숫자입니다. 이 숫자가 사라지기를 기다립니다. 숫자가 사라지고 난 이후부터 감정이 흔들립니다. 이 감정은 숫자가 사라진 시간(hour)이 아니라 분(minute)을 유심히 보게 만들지요.

빠른 답변이 오지 않을 때도,
읽고 나서 아무런 대답을 주지 않을 때도,
숫자가 사라지지 않을 때에도

답이 없는 이유를 다양하게 상상해보지만, 추측과는 상관없이 저의 기분이 좋지 않습니다.

왜 그럴까요?

다시 과거로 돌아가 생각해보면, 예전에는 상
대가 전화를 받지 않으면 '왜 안 받지? 무슨
일 있는 거 아닌가'하는 걱정이 앞섰지, 기분
이 상하지는 않았던 것 같습니다.

그러나 전화기의 다이얼이 버튼식으로 바뀌고,
핸드폰 화면에서 질문과 답이 가능한 시대가
되고 보니 대답은 더 빨라져야 하더군요. 답을
기다릴 수 있는 개인이 느끼는 시간 감각 차
이는 오해를 불러일으키기도 합니다.

"그렇게 오래 걸린 것 같지도 않은데 왜그래?"
"문자를 못 봤어."
"핸드폰을 안 가져 왔어"

새로운 기기들은 날이 갈수록 실용성, 편리성
을 강조합니다. 그런데 왜 이 편리한 기기는

우리에게서 기다림과 여유를 빼앗아 갈까요?
오히려 시간이 더 많아지는데 말이죠.

저는 현재 모습 속에서 불안함을 느낍니다. 감
정에 관한 이야기를 차치하더라도 대화에서
사람의 목소리가 사라지고 있다는 생각이 들
기 때문입니다. '말'이 아닌 '글'로 소통하는 대
화에선 음성은 어쩌다 들리는 반주(伴奏)의
역할만 하는 것 같거든요.

심지어는 전화 통화 자체를 꺼리는 병적 증세
의 사람들도 늘어나고 있다는 보도를 보았을
때 더욱 그런 느낌이 들었어요. '글'은 한 번
더 생각하고 답을 할 수 있지만 '말'은 듣는
즉시 대답해야 하니 전화 받기가 두려워져서
그렇게 된다고 합니다.

상대의 말을 들어주겠다는 기다림과 여유의 마음을 상실하자 목소리가 사라지고 있는 것 같아 두렵습니다. 전화기 버튼을 빠르게 눌러 대는 손가락이 아니라 다이얼을 돌린 후 구멍이 제자리로 돌아오기를 기다리던 검지의 여유가 그립습니다.

한 방

(one punch)

"나 좀 살려줘."

이런 날이 많아질 때 조심해야 합니다. 흔히 "맛있게 먹으면 살로 가지 않아" 하고 말은 하지만, 절대 그렇지 않네요. 저 같은 경우엔 먹으면 먹은 데로 살이 되더라고요. 이 명백한 사실 앞에서 무너진 날. 더는 안 되겠다 싶어 **스피닝**을 해야겠다고 마음을 먹었습니다.

스피닝은 신나는 음악과 구령에 맞추어 온 힘을 다해 다리를 구르다 보면 어느새 온몸에서는 땀이 비가 오듯 쏟아집니다. 다른 잡념이 끼어들 수 없는 몰입의 시간이지요. 이 시간이 지나고 나면 살들은 제 몸에서 다 떨어져 나가겠지요? 생각만으로도 입가엔 웃음이 지어집니다.

그런데 스피닝을 하겠다고 마음을 먹고 나서는 한 가지 걸리는 게 있더군요. 제가 스피닝을 할 수 있는 나이일까? 였어요. 혼자 궁금해

하면 뭐 하겠어요. 바로 스피닝클럽으로 가서 관장에게 물었습니다.

"저 50대인데 스피닝이 가능할까요?"
"더 나이 많으신 분들도 다 하십니다. 하실 수 있어요."
"그래요? 그럼 등록하겠습니다."

첫 시간, 저의 페이스에 맞추어 관장의 특별지도가 이루어졌습니다.

"처음이니까 천천히 해보세요."
"잘하시네요. 그럼 조금 더 해볼까요?"

운동이 끝나고 관장의 칭찬을 한 몸에 받아 기분 좋게 아무 일 없이 집으로 돌아온 뒤 일이 터졌습니다. 머리가 어지럽고 가슴이 두근거립니다. 몸에 기운이 모두 빠져나가 똑바로 설 수조차 없어지더군요. 이렇게 죽는구나 싶을 정도의 현기증에 일어설 수가 없었습니다.

"나 좀 살려줘."

그 순간 살아야겠다는 생각에 동생에게 급히 전화했고 그 이후엔 잘 모르겠습니다. 이 병원 저 병원 다니면서 살려고 발버둥을 쳤지요. 원인은 알지도 못한 채 증상이 완화되기만을 바랐습니다. 회복되기까지는 많은 약과 긴 시간이 필요했습니다.

지금까지 '무엇 때문이었을까?'하고 이유를 찾아보지만 정확한 답은 없어요. 그렇지만 저는 '스피닝'이 원인이었다고 추측합니다.

제 몸을 알아차리지 못했던 저의 잘못. 늙음을
제대로 받아들이지 못했던 시간. 젊음이 물러
가 이제는 돌다리도 두들겨야 하는 시기임을
깨닫지 못한 저는 몸으로부터 한 방을 제대로
먹었습니다.. 그것도 아주 크게 말이죠.

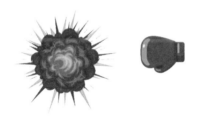

**"라니야. 너는 이제 젊은 몸이 아니란다.
하고 싶은 것과 할 수 있는 것은 달라."**

제 몸의 목소리를 이제야 제대로 들었습니다.
그리고 잊지 않습니다. 무엇을 하려고 할 땐
제일 먼저 몸에게 묻습니다.

"라니야. 괜찮겠니?"

아이는 어른으로 성장하기 위해 사춘기라는 과도기를 겪습니다. 저는 젊음에서 늙음으로 진입하는 과도기를 스피닝으로 겪었다고 봅니다. 젊은 시절엔 할 수 있는 것은 많은데 무엇을 할지 몰랐지요. 이제 50대가 되고 나니 하고 싶은 것은 많은데 할 수 있는 것이 적어졌네요.

의지와 상관없이 할 수 있는 것이 적어지긴 했지만 이렇게 말하고 싶습니다.

젊은 사람들은 할 수 있을 때 '무엇이든' 다 해보라고. 한계를 인식했다면 그 범위 안에서 '무엇이든' 하라고. 결국 우리가 할 수 있는 것은 언제나 '무엇이든''

이라고 말이에요.

앗싸 풀장

카르페 디엠(carpe diem)
현재 이 순간에 충실하라

2021년 7월 여름날. 뜰에 마련된 원형풀장에서 아이들 여럿이 즐겁게 물놀이를 하고 있습니다. 뒷마당 한편에 조그마하게 펼쳐 놓은 풀장이 아닙니다. 이 원형풀장은 팔을 쫙 뻗어 발을 구르면 수영할 수 있고 물을 채우는데도 하루, 물을 빼는데도 하루가 걸리는 큰 풀장인데요. 풀장이 크다고 강조하는 것은 제가 어린 시절에 놀았던 풀장과 많은 차이가 있기 때문입니다.

오빠, 동생들과 함께 수영하고 노는 딸아이의 모습을 보고 있자니 예전 제 초등학교 단짝 친구가 생각납니다. 지금처럼 모든 것이 풍족한 시절과는 달랐던 그해 여름, 제 친구를 기억에서 소환해 과거 우리의 놀이터로 갑니다. 여러분도 함께 추억 속으로 가볼까요?

1981년 여름이었어요. 골목을 사이에 두고 바

로 앞집에 살았던 저의 가장 친한 친구 경아(가명). 경아의 부모님은 항상 따뜻한 미소로 웃어주시던 좋은 분들이었어요.

경아에게는 남동생과 여동생이 있었고 동생들은 고맙게도 저를 좋아했고 잘 따랐습니다.

하교 후 집에 도착한 우리는 가방을 마루에 던지고는 장난감들을 챙겨 골목에서 만납니다. 그때는 골목이 놀이터였죠. 차도 많지 않았고 골목이 좁아 차가 들어올 수 없는 곳이 많았거든요.

종이 인형, 마론인형, 공기, 학교 정문 앞에서 산 노란 병아리, 잡지를 접어 만든 딱지. 참 아날로그적인 장난감입니다. 지금의 아이들이

본다면 피식하고 웃겠지요. 담과 담 사이에 자연스럽게 만들어진 골목에 돗자리를 깔고 집에서 가져온 장난감들을 모두 풀어 본격적으로 놀이를 시작합니다.

"그만 놀고 저녁 먹자"

이 한마디! 끝날 것 같지 않은 놀이는 엄마의 목소리로 끝이 납니다. 대문 앞 골목에서 자리를 잡고 노는 우리는 엄마의 사정거리 안에 있었습니다.

"칫~~벌써 밥 먹을 시간이야."

엄마의 목소리가 들릴 때면 경아와 저는 헤어
지기 아쉬워 장난감 정리 시간이 길어지지요.
천천히 아주 천천히 최대한 시간을 끌며 짐을
꾸리다 보면 엄마에게 한 소리 듣습니다.

"어서 들어와야지"

재촉의 목소리가 들리고서야 우리의 행동이
빨라집니다. 작별 인사를 하고 우리는 각자 집
으로 들어가죠.. 서로의 집이 바로 코앞인데도
왜 그리 아쉬웠는지. 내일 또 보면 되는데. 이
마음을 잊어버렸을까요? 아이들이 더 놀고 싶
어할 때 이해심이 줄어드는 걸 보면 말이죠.

"라니야. 학교 가자"

다음날, 경아가 큰 소리로 부릅니다. 오늘은
경아가 빨랐네요. 하교 후 변함없이 마루에 가
방을 놓고 장난감을 챙겨 나가려는데 경아의

목소리가 들립니다. 그런데 목소리가 이상해요.
들 떠 있다고 해야 할까요? 무슨 일이지?

"라니야. 수영복 가지고 우리 집에 와. 수영하자"

전날 미리 듣지 못했던 소식이었는데 수영이
라니! 앗싸. 너무 신난 나머지 어쩔 줄 몰라
발을 동동 구르고 있는 저를 봅니다. 그리곤
엄마에게 빨리 수영복을 찾아 달라고 보챕니
다. 잽싸게 모든 짐을 챙겨 경아네 집으로 달
려 갔더니

경아네 앞마당에 풀장이 펼쳐져 있습니다. 햇
빛을 받아 물빛이 반짝이는 파란색의 원형풀

장이었어요. 동생들은 이미 한창 물놀이 중이었는데 자기네 집이라 저보다 빨랐던 거지요. 마치 바닷가에 놀러 온 것처럼 멋지게 수영을 합니다. 사실은 수영할 만큼 넓지도 않고 물은 무릎까지밖에 차지 않는 풀장이지만 마음만은 바닷가에 온 것과 다르지 않았습니다.

수도를 틀어 입구를 살짝 막아 분수처럼 물을 뿌리고 풀장에서 나왔다 들어갔다,
골목에 두고 온 장난감을 가지러 왔다 갔다,
집에 왔다 갔다.

4명의 아이가 깔깔거리는 소리가 골목을 넘어 온 동네에 다 들리는 듯 했지요.

"라니야. 밥 먹자"

변함없이 수영은 엄마가 부르는 소리에 끝이 납니다.

또 생각하지요. '오늘은 밥 안 먹으면 안 되나.' 아쉽고 아쉽지만, 헤어져야 했지요. 내일 또 수영할 수 있을까. 마음속으로 기대해 보지만, 다음 날은 수영을 할 수가 없었습니다. 그러나 우리는 금세 잊고 다시 골목에서 놉니다. 새로울 것 없는 반복된 일상이었는데도 늘 즐거워했다는 걸 알게 되네요. 그런데 왜 우리는 일상의 무료(無聊)함을 느끼는 걸까요?

물놀이를 하고 아이들,
원형 풀장에서 노는 모습,
과거 단짝 친구와 현재 단짝 친구의 같은 이름

'같다'라는 공통분모가 갑자기 저로 하여금 과거를 떠올리게 했습니다. '추억'은 사람이 살아가는 데 중요한 원동력이 된다는 말이 맞는 것 같습니다. 행복했던 과거의 추억을 더듬으며 미래의 행복을 바라는 마음이 저에게 생긴 걸 보면 말이지요.

그렇다면 나중에 원동력이 될지도 모를, 지금 이 순간에 우리가 해야 할 일은 무엇일까요.

"카르페 디엠(carpe diem) 현재 이 순간에 충실하라 "

바로 이것이 아닐까요?
어린 시절 반복된 일상에서도 늘 즐거웠던 이유는 순간에 집중하고 몰입했기 때문이라는 생각이 듭니다. 무료함이 낄 자리는 없죠.

비우고 채우고

"너 도대체 이런 에너지가 어디서 나오는 거야?"

얼마 전 노션 프로그램을 알게 되었습니다. 이 프로그램은 컴퓨터나 모바일, 아이패드뿐만 아니라 안드로이드, IOS 모든 환경에서 자유자재로 사용할 수 있더군요. 검색을 통해 알게 된 사실은 노션은 '꽤 일 좀 한다는 요즘 젊은 이들은 다 사용하고 있는 프로그램이라는 겁니다.

많은 사람이 사용하고 있는 노션을 최근에야 알게 되었다는 점은 슬프게도 두 가지 사실을 말해 주는 듯했습니다. 하나는 저는 이제 젊은 이에 속하지 않는다는 것이었고 일을 꽤 잘하는 사람이 아니라는 점이었죠.

그깟 프로그램 하나로 이런 사실을 알게 될 줄이야. 나이를 먹는다는 것이 이런 것이구나 하고 생각했습니다. 그러나 여기서 포기할 수 없죠. 이것쯤이야, 한번 배워보자 마음을 먹었습니다.

먼저 어떤 방법을 사용할지 고민했습니다. 책
과 유튜브의 도움을 받아야겠다고 결정한 후
가까운 도서관에서 총 5권의 책을 대출합니다.
책 설명이 이해되지 않으면 유튜브 영상을 통
해 배웁니다.

"참 좋은 세상이다.
어떻게 지식습득 과정이 이렇게 편할 수가 있지?"

손가락만 조금 움직이면 궁금증을 풀어 줄 선

생님들이 여기저기에 있습니다. 또 우리가 원하기만 하면 시간과 장소 상관없이 언제든 학습할 수 있고요. 이런 기술적 지원을 받지 못하고 어린 시절을 지나온 세대로서는 놀랍고 신기할 따름입니다.

코로나로 인해 아이들의 수업이 온라인으로 바뀐 초창기, 집에서 수업을 지켜본 부모 중에는 부정적 반응도 있었지만, 긍정적인 반응을 보인 부분도 있었습니다. 갖가지 영상과 다양한 자료를 이용한 수업이 좋았다는 것이죠.

"수업이 너무 재미있다.
우리 때도 이렇게 공부를 할 수 있었다면
얼마나 좋았을까.
그랬다면 공부를 더 잘했을 텐데"

이러한 교육방식은 요즘 아이들에게는 너무나 흔한 방식이지만 구세대에게는 신세계인 거죠.

그러니 이런 말을 하게 되는 거고요. 그러나 실제 공부를 더 잘했을지는 장담할 수 없겠죠? (웃음)

연이은 밤샘 공부
열 일 제쳐 두고 이 일에만 몰두하며
익힌 사용법을 이리저리 시도하며 보낸 며칠

책과 유튜브를 통해 노선을 열심히 배웠습니다. '이런 에너지는 어디서 나오는 거지?' 하며 웃음을 짓게 한 며칠 동안의 행동을 보면서 저에게 던진 말 한마디.

"너 도대체 이런 에너지가 어디서 나오는 거야?"

어디서 어떻게 나오는지 알 수 없지만 유한 에너지를 무리하게 소모하고 나니 피곤이 몰려옵니다. 과하게 써 버렸으니 다시 충전해야 할 시간이 필요하다는 징조겠지요. 에너지를 비운 자리에는 노션에 관한 정보들로 가득 찼습니다. 이것이 '**비우고 채우고**'의 상호관계성 아닐까요?

이런 걸 보면 인간에게는 써도 써도 바닥이 드러나지 않는 화수분 같은 무한의 에너지는 없는 것 같습니다. 그래서 많은 에너지를 쓰고 나면 피로하거나 아픈 것인지도 모르겠어요. 유한의 것을 무리하게 소모해버렸으니 다시 채워야 하는 것이 세상에 이치인 것 같습니다.

"무언가를 채우고 싶다면 우선 비우는 것이 먼저다."

들어본 적이 있을 겁니다. 갖고 싶은 것, 담고 싶은 것이 있는데 내가 가진 공간이 이미 꽉 차 있다면 과연 내가 원하는 새로운 것을 넣을 수 있을까요? 답은 불가능합니다. 그래서 기존의 것을 비워야 합니다. 그렇게 해야 비로

소 공간이 생기고 그곳에 원하는 것으로 채울 수가 있지요.

우리는 살면서 노력은 했는데 얻은 것이 별로 없는 것 같다고 말할 때가 많습니다. 저의 생각으로는 **무언가**를 채우기 위해 **시간과 열정**을 쏟았다면 이 **시간과 열정**만큼 비워졌고 비워진 곳에 저기 **무언가**가 채워졌다는 사실을 기억하면 좋겠습니다. **비우고 채우고**는 의심할 여지가 없다고 봅니다.

불일치 vs 일치

엄마의 독서는 과연 아이에게 영향을 미칠까?

많은 엄마가 스스로 책을 읽는 아이를 꿈꿉니다. 그런 바람은 <내 아이 독서 잘하게 하는 방법>과 같은 강연 프로그램을 찾아가게 만들지요. 그리고 엄마는 강연자에게 진지한 질문을 합니다.

"엄마가 독서를 하면 아이도 독서를 하게 되나요?"
"그렇지는 않습니다. 그러나, 엄마가 책을 읽는 모습을 아이에게 보여 주는 것이 중요합니다."

어떠세요. 들어본 답이지요? 저도 비슷한 대답을 꽤 많이 들었습니다. 그런데도 엄마들이 계속 궁금해하는 이유는 무엇일까요? 아마도 마음에 흡족한 해답을 얻지 못했기 때문은 아닐까요. 엄마가 책을 읽는 모습을 계속 보여 주고 있는데도 독서에 전혀 관심을 가지지 않는 아이를 볼 때면 더 하겠지요.

엄마의 독서가 아이에게 영향을 미친다는 거야, 아니라는 거야. 도무지 해답이 보이지 않는 거죠. 어쩌면 계속되는 질문 속에서 스스로 답을 찾아가는지도 모르겠습니다.

잠깐 저의 집 상황을 말해 보겠습니다.

엄마 독서는 아이가 책을 읽게 하는 데 영향이 없습니다. 책을 읽는 엄마를 보고도 아이는 책을 읽지 않는 이 상황. 아이가 책을 읽었으면 하는 바람으로 제가 책을 읽는 것이 아니어서 지금 상황에 불만은 없습니다. 그러나 다른 엄마들의 질문에 관심이 가는 이유는 저에게도 그런 마음이 있기 때문이겠지요.

그러던 어느 날 한 발 떨어져 저의 모습을 바라보게 된 순간이 있었습니다. 아이의 한가지 질문에 조곤조곤 설명해주는 저의 모습을 보았습니다. 제 머릿속에 담긴 모든 지식을 동원해 아이가 이해하기 쉽도록 설명을 하는 모습. 그 순간 "바로 이거구나" 하는 깨달음이 왔어요.

책을 읽지 않았던 시기의 저와 책 읽기를 생활화하고 있는 지금의 저는 달라진 것이죠. 저도 모르는 사이에 쌓이고 쌓여 질문에 대한 '답의 깊이와 길이'가 달라진 것입니다.

엄마의 독서가 아이에게 영향을 주는 것은 '책을 읽고 있는 엄마의 모습'이 아니라 **'책을 읽은 엄마의 입'**이었습니다.

조금 더 자세히 보니, 저의 입은 책을 읽다가 들려주고 싶은 문장이 보이는 순간을 놓치지 않았습니다. 아이를 부르거나 달려가 바로 읽어줍니다. 감정을 넣어서 읽기도 하고, 아이가 이해하기 어려운 단어는 해석을 덧붙이며 낭독을 해주기까지 합니다.

아이는 거부반응 없이 저의 목소리를 듣습니다. 그리고 이어지죠. 뜬금없는 질문이든, 유추질문이든 그것에 답하는 과정을 반복합니다. 그 과정에서 책 이야기는 빠질 수 없겠죠.

"그 이야기는 책에서 보니까 이렇게 쓰여 있더라."
"그 책을 쓴 저자는 이런 사람이야."
"그래? 그 내용은 책에서 더 찾아봐야겠는데?"

저의 입을 통해 아이에게 책이 전달되는 이 모습은 "엄마가 독서를 하면 아이도 독서를 하게 되나요?"라는 질문에는 답이 되지 않을 수 있습니다. 그러나 "엄마의 독서는 과연 아이에게 영향을 미칠까요?"라는 질문에는 바로 답이 되죠.

이렇게 엄마의 독서는 어떤 방법으로든 아이에게 영향을 미치게 됩니다. 이것이 엄마가 독서를 해야 하는 이유입니다. 그래서 저는 오늘도 독서 중입니다.

드러나라.호기심

남편이 오더니,
확 벗겨 버립니다

호기심은 새롭고 신기한 것을 좋아하거나 모르는 것을 알고 싶어 하는 마음입니다. 관심으로 시작되고 창조됨으로써 빛을 발하지요.

어린 시절 친구와 함께 가지고 놀 장난감을 직접 만들었던 마음이 그랬고요. 고등학교 수학 선생님을 좋아해 우수한 성적을 노리다가 수학의 매력에 빠지기도 했습니다. 절친과 함께 학교에 다니고 싶다는 이유로 대학을 하향 지원했던 적도 있어요.

집 짓는 아버지의 모습이 좋아 건축과에 지원하고 자격증을 따기 위해 대학도서관에서 공부에 매진했던 열정도 마찬가지였죠. 직장생활을 하며 수많은 강의를 들을 때도 그랬었습니다. 결국 저를 육체적, 정신적으로 성장 변화시켜준 것은 호기심이었습니다.

되돌아보면 빛을 발한 호기심도 있지만, 쫓아가기에 버겁고 힘들어서 억제했던 것들도 많았습니다. 그중에 빛을 발한 호기심 하나가 컴퓨터였는데요. 제가 처음 접한 컴퓨터는 이랬습니다.

뒤가 볼록한 상아색의 모니터와 엄청나게 큰 소리를 내는 상아색의 키보드, DOS 프로그램, 파란 화면에 하얀 폰트, 5.25" 플로피 디스크를 사용했었습니다, 이랬던 컴퓨터는 켜는 것부터 어려웠어요. 거부감이 발동합니다.

그렇게 컴퓨터를 접한 이후 '노트북'이 나오기 시작하던 때였어요. 저의 관심이 컴퓨터에 집중되었고 컴퓨터란 놈을 마음대로 조작하고 싶어 하는 마음을 남편에게 들킵니다.
남편이 말합니다.

'뭘 그렇게 고민해.

컴퓨터를 사면 되지.

막 다루어 봐.

그러다 고장이 나면 어쩔 수 없고.

막 해보는 거지. 뭐 괜찮아'

라고 저는 답하면서 마음속으로 쾌재를 불렀
습니다.

'야호'

며칠 후 주문한 노트북이 도착했습니다.

'막 써주리라' 하고 먹었던 마음은 놈의 자태에
무너지고 말았습니다.

보호필름을 떼지도 못하고, 로그인할 때부터
조심스럽습니다.

잘못 누르면 망가지는 거 아닌가. 이게 잘하고
있는 건가. 두 손에서 땀이 납니다.

망설이고 있는 제 옆으로 남편이 오더니, **보호
필름을 확** 벗겨 버립니다. 깜짝 놀라는 순간도
잠깐, 보호필름이 떼어지고 나니 컴퓨터를 대
하는 저의 마음이 달라지더군요. '막 써주리라'
라는 초심으로 돌아간 것입니다. 보호필름 한
장 떼버린 것밖에 없는데 이렇게 변하더라고
요.

잠도 설치며 컴퓨터와 친해지기를 수십 번 아
니 수백 번 반복했습니다. 설명서와 책을 보다

가 모르는 부분이 생기면 컴퓨터 판매장을 하고 있던 선배에게 물어 해결했어요. 다행스럽게도 지인 중 컴퓨터를 잘 다루는 분이 있어 덕을 톡톡히 본 거죠. 그렇게 컴퓨터를 자세히 보다 보니 이해되고 알게 되니 사랑하게 되었습니다. 호기심이 생기면 **해보는 겁니다.** '보이는 보호필름'이든 **'보이지 않는 보호필름'**이든 제거하는 순간 달라질 거예요.

카이스트 정재승 교수는 결핍이 욕망을 낳는다고 했습니다. 그러나 현대는 결핍이 없는 결핍상태라고 하지요. 부모는 아이들이 결핍감을 느끼기 전에 미리 알아서 다 채워줍니다.
아이들은 결핍을 느끼지 못하기에 자신이 무엇을 하고 싶은지에 대한 고민을 깊이 하지 않습니다. 그저 하기 싫은 것, 해야만 하는 것이 늘어날 뿐이죠.

모든 아이가 다 그렇지는 않을 겁니다.

그러나 결핍이라는 것이 왜 필요한지 생각하게 합니다. 저는 결핍이 존재했던 시대를 살아서일까요? 아직 호기심이 살아있는 걸 보면 말이지요.

호기심을 잃지 마세요.

여러분들도 배움에 대한 열정으로 항상 진행형의 삶을 살아가기를 바랍니다.

당신의 열정이 드러나는 순간 도움과 관심이 쏟아질 거예요.

천 냥 값어치, 말

글을 쓴다는 것에 호기심이 생긴 이후로 글쓰기의 매력에 흠뻑 빠져있는 요즘입니다.

'책 읽기가 글쓰기로 이어지지 않으면 완전한 독서가 아니다.', '자신을 찾는데 매우 효과적인 방법은 글쓰기다', '글쓰기는 마음의 위로와 안식을 찾아준다.' 등의 수많은 말들은 머리로는 이해했지만, 마음속으로는 깊이 공감하지 못했었나 봅니다. 써야지, 써야지 하면서도 글쓰기로 이어지지 않았던 저의 모습을 보면 말이죠.

그런데 최근 제 이야기를 담은 '자서전 쓰기'를 계기로 글쓰기의 담긴 의미를 알게 된 듯합니다. 책 준비하는 과정에서는 물론 책이라는 결과물을 대하는 느낌이 남다르더군.

처음에는 '자서전 쓰기'에 대한 거부감이 있었

어요. 제 애기를 누군가에게 한다는 것 자체가 부담감이었고, 글을 쓰는 것에 대한 두려움 때문이었습니다. 제 이야기가 아닌 객관적 글쓰기여서 선택한 '서평 쓰기'가 어려워지던 시기에 저를 '자서전 쓰기'에 도전하도록 하는 의도치 않은 이유가 생기더라고요.

신중년 자서전 쓰기 수강생 모집

저는 바로 강좌 신청을 했지요. 서평 쓰기 힘듦에서 달아나고 싶은 마음에 말이죠. 달아나듯 다가간 '자서전 쓰기'는 더 힘들었습니다. 도망쳤는데 피해간 곳이 더 힘든 상황. 어찌해야 할지 참 막막하더군요.

글쓰기 동기들의 모습을 보며 때론 위축되기도 하고, 위안을 받기도 하고, 기대어 보기도 하면서 끝까지 갔습니다. 자신은 부족하다며 타인을 칭찬해주는 모습이 결국 힘이 되어 나에게 되돌아온다는 생각이 들었어요. 그렇게 모든 동기가 함께 과정을 완수했습니다. '모든'이라는 의미에서 눈치채셨겠죠? 네. 저도 마쳤습니다.

'글쓰기의 매력에 빠져'있는 제가 오늘 글을 쓴 이유를 말해 보겠습니다. 늘 차를 타고 등교를 했던 초등생 딸이 며칠째 걸어서 학교에 가고 있습니다. 집 근처에 사는 친구와 함께 걸어가는 재미가 더운 날씨를 이긴 거죠.

엄마의 마음으로는 며칠만 하면 그만둘 줄 알았는데 이제 하교도 걸어서 합니다. 아이의 등하교 시간에 맞추어 모든 일정을 계획했던 저에게는 며칠 동안의 한가함이 선물 되었지요.

딸은 친구와 8시 20분에 집 앞에서 만나기로

했는데, 오늘따라 침대에서 꼼지락대던 딸은
약속 시간에 늦게 되죠. 창문으로 보니 친구는
나와 있네요. 더 기다리라 했다간 늦게 생겼고
요. 딸은 전화를 걸어 친구에게 말합니다.

"응. 먼저 가."

엄청 쿨하죠. 사과도 없고, 자기가 할 말만 합
니다. 전화기 너머로 친구의 목소리가 들리는
데 이러더군요.

"응. 알았어. 너는 차 타고 와"

순간 뭐라 말할 수 없는 큰 감동을 받았습니
다. 보통의 경우 친구는 이러겠지요. "야. 기다
렸는데. 뭐야. (짜증 한번 부리고 난 후) 알았
어" 그런데 이 친구는 이렇게 말하지 않은 것
도 놀라운데 덧붙입니다.

"응. 너는 차 타고 와"

짜증과 화남은 찾을 수 없고 오히려 친구가
학교에 늦을까 싶어 걱정하고 방법까지 알려
주네요. **이런 마음은 어디서 나오는 걸까요?**

설령 저의 해석이 틀릴지도 모릅니다. 아이의
생각과는 다른 생각을 제가 하고 있는지도 모
르지요. 그러나 그 말은 저의 어린 시절의 순
수했던 마음을 다시 한번 돌아보게 하고, 앞으
로의 행동을 곱씹어 보게 했습니다.

죽음을 직면한 순간에 인생 전체가 파노라마
처럼 보인다고 흔히 말하죠. "너는 차 타고
와"라는 딸의 친구 말 한마디는 저의 인생 전
체를 파노라마처럼 보여 주었습니다. 과거부터
현재까지 그리고 미래까지도.

말의 힘이 얼마나 큰지를, 말 한마디로 천 냥

빚을 갚을 수 있을까? 하는 의문에 대한 해답을 찾은 아침이었습니다. 덧붙이자면 그 친구는 말 한마디에 맛있는 걸 얻었습니다. 제가

한턱냈거든요.

포스트잇의 가벼움

'포스트잇처럼 가볍게 살자'라는 문구가 적힌
포스트잇을 하나 더 추가!

어릴 때는 몰랐지만 이제 와 생각하니 그 시절은 해야 할 것들이 단순해서 좋았다는 생각이 듭니다. 삶의 버거움 따위는 없었으니까요. 굳이 버거움을 찾으라 한다면 숙제였을까요?

나이를 한 살 한 살 먹어가면서 하고 싶은 일보다 해야 할 일들이 늘어나고 저의 힘듦도 함께 늘어갔습니다. 이 정도 해야 하는 거 아니야 하는 기준선들이 참 많았던 것 같아요.

고학년이면, 명문대 가려면, 대학생이면, 직장인이면, 사업하려면, 부모라면 이 정도는 해야한다는 틀. 거기에 맞춰 가느라 정신이 없었죠. 저를 찾거나 돌아볼 겨를없이 바쁜 시간을 보냈습니다. 찾아볼 엄두도 내지 못했다는 것이 맞는 말일 겁니다.

그러다 인생의 중반쯤 어느 날,

'이제 좀 가볍게 살면 안 될까'라는 생각이 들었습니다. 그때 작가 호사의 『포스트잇처럼 가볍게 살고 싶어』 (허밍버드, 2020) 책을 만나게 됩니다.

포스트잇처럼 산다는 것은 무엇을 의미할까요? 악착같이 들러붙지 말고 필요한 만큼만 붙어 있다가 아무런 흔적도 없이 사라지는 것이 아닐까요. 삶이 포스트잇처럼 되면 어떻게 변할까요? 이거 아니면 저거라는 이분법적 사고방식에서 벗어나 누군가를 변화시키려 하지 않겠지요.

저의 능력으로는 안 되는 것들을 '열심'과 '노력'이라는 말로 저를 괴롭히지 않겠지요.
저보다 빠른 다른 사람의 성공을 보면서 '나는 아직 때가 이르지 않았어.','사람마다 꽃 피는 시기는 다르니까'라고 생각할 수 있을 것 같습

니다. 생각과 마음에 들러붙음이 없으면 말이
지요.

나는 포스트잇처럼 살고 있는가?

저에게 물어봅니다. 어떤 것은 그렇고, 또 어
떤 것은 아닙니다. 책을 읽기 전과 후는 달라
져야겠지요? 포스트잇처럼 되지 않는 상황이
라는 느낌이 들 때면 저를 한번 되돌아봅니다.

'이건 아니잖아. 단순하게, 유연하게, 경쾌하게'라
며 저를 깨워주는 제가 생긴 거죠. 지금도 저
의 능력을 넘어선 일인지 모를 일들을 하고
있을 때. 버거움이 느껴지는 어느 날에는. 정
신적, 신체적으로 가라앉을 때. 이럴 때 제 안
의 목소리가 들립니다.

즐거운 마음으로 가볍게,
네가 할 수 있는 만큼만

혹시라도 '열심'이 저를 억누르지 않도록 다독

여쭙니다.

저의 컴퓨터에는 여러 모양과 내용의 포스트
잇이 붙어있습니다. 매일 해야 할 일, 잊지 말
아야 할 문구들. 지켜진 것들은 떨어져 나가고
없지만, 지켜지지 않았거나 늘 기억해야 할 것
들은 여전히 그 자리에 붙어 있습니다.

자신들은 할 일을 다 했다며 포스트잇의 한쪽
귀가 떨어져 달랑달랑하는데 저는 떨어지지
않게 손으로 꾹 눌러주면서 버티라고 합니다.

오늘은 자연스럽게 떨어지는 포스트잇은 그냥

내버려 두리라 마음먹어봅니다. 그리고 '포스
트잇처럼 가볍게 살자'라는 문구가 적힌 포스
트잇을 하나 더 추가했습니다.

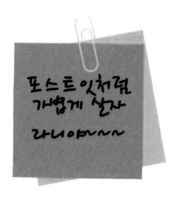

.

.

.

밀리의 서재에서 관련 책을 검색하다 이승국의 <글쓰기 정붙이기 프로젝트> 글을 읽었습니다. 글을 써야 한다는 부담감에 글쓰기 관련 책들을 모아서 읽다가 우연히 만난 글이었지요.

저자 이승국은 "나는 글쓰기를 싫어합니다"로 글을 시작합니다.

그의 시작 문구를 보는 순간 글쓰기에 대한 저의 생각이 궁금해졌습니다.

그처럼 '나는 글쓰기를 싫어합니다.'라고 말할 수 있으면 좋겠습니다.

오히려 저는 글을 쓰고 싶습니다. 그런데 방해물이 있어요.

글을 잘 쓰지 못한다는 생각으로 스스로 한계를 그어놓은 것이지요.

그러니 앞으로 나아가지 못하고 자기 검열만 계속하게 됩니다.

이 생각은 무의식적으로 글을 쓰는 저를 제어하게 되지요.

다람쥐 쳇바퀴 돌 듯이 줄곧 제자리에 머물게 되죠.

그래서 용기를 냈습니다.

이대로는 안 되겠다 싶어서 저질러 버렸습니다.

쓰고 지우고를 반복하여 책을 냈습니다.

부끄럽지만 그냥 해버렸습니다.

"당신의 취미는 무엇입니까?"

"네. 저의 취미는 독서입니다."

이렇게 말했던 기억이 떠오릅니다. 지금 생각하면 너무도 바보스럽고 창피한 말입니다. 이 말을 할 당시에는 느끼지 못했던 부끄러움으로 지금 얼굴이 빨개집니다.

취미가 아닌 제대로 된 독서를 해보자는 마음으로 네이버 검색창에 '독서법'을 입력해 봅니다. 수백 권의 관련 도서들이 뜨네요. 대부분의 독서법 책이 '지적 유희를 위한 독서'가 전제되어 있었습니다. 말 그대로 '취미로서의 독서'를 말함이죠.

창피했던 마음이 잠시 위안이 되기도 합니다. 그러나 저는 지금 취미로서의 독서가 아닌 다른 방법의 독서를 하고 싶다는 강한 욕구가 생깁니다. 제 삶을 어떻게든 변화시킬 수 있는 독서로 한 걸음 나아가고 싶은 것이지요.

초격차 독서법의 저자는 이렇게 말합니다. 책을 읽는 목표를 설정하되 그 목표는 언어 문자화가 되어야 한다. 그렇게 목표가 문자화되면 뇌는 방법을 찾기 위해 노력하고 그것이 결과를 만들어낸다고 말이지요.

아웃풋 독서법의 이세훈 저자도 이와 비슷한 주장을 펼칩니다. 그는 자신이 처한 상황에 필요한 정보를 책으로부터 효과적으로 취득하고 활용하여 결과물을 만들어내는 아웃풋 독서법을 말합니다.

그동안 독서가 저의 삶을 변화시키지 못했던 이유는 목표가 정확하지 않았기 때문이었습니다. 아니면 목표가 매우 작았거나 확실치 않았기 때문일수도 있습니다.그래서 목표설정을 합니다. 그리고 두렵더라도 그냥 합니다. 제 첫 책은 이렇게 나왔습니다.

감사합니다.

라니의 그냥해보기 do

그냥 해보기(1)

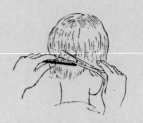

긴 머리 자르기

머리 자른다고 해서 깜짝 놀랐죠? 저는 혼자서 저의 머리카락을 자른답니다.

중학교 3년 동안의 커트 머리였던 기간을 빼면 언제나 긴 머리를 유지했었어요. 머리카락은 시간만 지나면 저절로 자라는데 왜 그렇게 자르는 걸 꺼렸는지 모르겠어요. 아마도 저의 얼굴에 긴 머리가 잘 어울린다는 착각을 했을지도 모릅니다.

그랬던 제가 2년 전에 과감히 머리를 커트로 바꿔버립니다. 나이를 먹으면서 푸석해지고 가늘어지는 머리카락이 신경이 쓰이기 시작했고요. 두피가 긴 머리를 못 견디는 것 같았어요.

그러던 어느 날 화장실에 가위를 들고 머리카락을 잘라버렸어요. 층층이 단을 주면서 최대한 자연스럽게 커트했지요. 잘못되면 머리가 자랄 때까지 곤란한 상황이 발생하게 되니 처음엔 전체 길이에 큰 변화가 없는 듯 잘랐는데, 점점 길이가 짧아지더군요.

지금은 많이 짧아진 상태예요. 미용 기술을 배운 적도 없습니다. 앞과 옆 머리는 어떻게 하겠는데 뒤통수를 어쩔까요? 그래도 해봅니다. 벌써 앞과 옆을 잘랐는데 그만두면 안 되겠죠? 그래서 그냥 합니다. '어쩔 수 없음'도 포함된 거죠.

지금은 막 자릅니다. 이렇게도 해보고 저렇게도 해보고. 저의 기준으로는 이상하지 않은데 모르겠어요. 저는 만족 상태입니다.

하지 않았다고, 해보지 않았다고 겁낼 건 없는 것 같아요. **그냥 해보세요.** 딩신을 응원합니다.

그냥 해보기(2)

무작정 도서관 가기

저의 인생에 안내자로서 큰 역할을 하는 그것 중 하나인 '도서관'에 관한 이야기입니다.

새로운 지역으로 이사를 하게 되었어요. 형제나 부모님, 가까운 친척이 살고 있지도 않은 그런 곳이었지요. 바쁘게 열심히 살아가는 것에 힘이 든 시기였기에 훌훌 털어버리고 싶은 심정이었는지도 모르겠어요.

이사할 곳을 정하는데 조건은 두 가지였어요. 너무 외지지 않으면서 조용하게 살 수 있는 곳이어야 한다는 것과 늦둥이 초등생을 위해 '가족과 같은 분위기로 배움을 가르치는 작은 초등학교'가 있으면 좋겠다는 것이었어요.

그런 곳을 찾았고, 지금은 그곳에서 살고 있답니다. 그리고 무작정 도서관을 찾아갑니다. 제 인생 안내자(도서관)에게 다가간 저의 첫발이었죠. 어떤 누구의 조언도 없었어요.

그 지역의 도서관 홈페이지에 회원가입을 합니다. 그리고 각 도서관에서 하는 <강좌>를 검색해보세요. 그리고 강좌를 신청하는 거예요. 강좌의 제목이 마음에 들어도 좋고요. 강좌 요일이나 시간이 딱 맞아서도 괜찮고요. 혹 강사분이 마음이 든다거나 도서관의 위치가 마음에 들어서도 상관없어요. 그냥 <강좌 신청>을 클릭하세요. 그리고 강좌에 참석하여 잘 듣습니다.

그리고 나면 무슨 일이 벌어질 거예요. 그 일은 우리가 다 다른 것처럼 각양각색으로 일어날 겁니다. 저에게 일어난 것처럼 말이지요. '어색해', '할 수 있을까?' 하는 망설임은 갖지 마세요. **그냥 하는 거예요.** 그러면 그 이후엔 놀라운 일이 벌어집니다. 딩신을 응원합니다.

그냥 해보기(3)

책 쓰기

라니의 책 『그냥 해보는 거야』가 출판이 되었습니다. 책을 내고 싶다는 마음은 있었기에 도서관 강좌 중에서 '전자책 출판'이라는 문구를 보고 바로 강좌 신청을 했습니다. 그냥 해보기(2)에서 보셨죠? 무조건 클릭하라고요.

강좌를 신청할 당시에는 책을 낼 수 있을 거라는 확신은 없었어요. 글쓰기에서 하지 말아야 할 행동 중 하나인 '자기 검열[1]'이 아주 심한 상태여서였죠. 혹시 그렇게 되

---

[1] 자기 검열 (自己檢閱, 영어: self-censorship)은 아무도 강제하지 않지만 위협을 피할 목적 또는 타인의 감정이 상하지 않게 할 목적으로 자기 자신의 표현을 스스로 검열하는 행위이다.(네이버 지식백과)

더라도 전자책 출판에 관한 정보나 방법은 배울 수 있겠지 하는 생각으로 접수를 했습니다. 한 강좌도 빠지지 않고 출석하여 글을 완성했습니다. 과제 제출이 늦거나 강사님으로부터 피드백을 제대로 받지 못한 부분도 있었지만, 그냥 했습니다.

제가 할 일은 가르침을 주시는 강사님을 쫓아 따라가기만 하면 되는 거였어요. 그렇게 강좌를 마치고 나니 이렇게 책이 나오게 되었습니다.

어떤 마음을 먹고 계획을 철저히 세우는 것도 중요한 일입니다. 그러나 내가 잘 알지 못하는 것에 대해서는 빠짐없이 계획을 세우는 것이 힘들 수도 있죠. 그렇기 때문에 모르면 실제로 해나가면서 계획을 세우는 것도 좋다는 생각입니다.

과정에서 힘들고 지칠 때도 있었지만, 결과물을 받고 보니 감격스럽습니다. 그리고 책이 저에게 주는 의미는 도전의 성취감뿐만 아니라 과정의 중요성과 글에 관한 생각의 변화입니다. 그냥 해보니 이런 결과가 나오네요. 여러분도 '**그냥 한번 해보세요**' 그리고 느껴 보세요. 당신을 응원합니다.

라니는

걱정도, 의심도 없이

과정이 담고 있는 행복을 찾아서

기적을 선물한 도서관을 향해

오늘도

그냥 갑니다.

그냥 합니다.